Aus meinem Leben

Pietro Archiati

AUS MEINEM LEBEN

Meine Erfahrung mit Kirche und Anthroposophie

Rudolf Steiner
Ausgaben

4. Auflage 2023

Herausgeber: Rudolf Steiner Ausgaben
(Monika Grimm, Bad Liebenzell)
Korrektorat: Christine u. Manfred Becker, Meerbusch
Druck: GGP Media GmbH, Pößneck

ISBN: 978-3-86772-617-7

Rudolf Steiner Ausgaben e. K.
Burghaldenweg 37 · D-75378 Bad Liebenzell
Telefon: (07052) 935284 · Telefax: (07052) 934809
anfrage@rudolfsteinerausgaben.com
www.rudolfsteinerausgaben.com

Inhalt

Pietro Archiati
* 1.6.1944 † 26.2.2022

Liebe Leserin, lieber Leser!

Die Mitschrift des Vortrags von Pietro Archiati am 6. September 2002 in Bad Boll mit dem Titel «Grenzgänger, Brückenbauer oder Wahrheitssucher?» erschien erstmals im Oktober 2002. Für die zweite Auflage im Jahr 2004 wurde sie vom Redner überarbeitet. Nachdem Pietro Archiati am 26. Februar 2022 in die geistige Welt gegangen ist, habe ich die innere Verpflichtung empfunden, sie neu aufzulegen – in tiefer Dankbarkeit für alle Geschenke, die wir von Pietro Archiati empfangen durften.

Bad Liebenzell, Mai 2022

Monika Grimm
Rudolf Steiner Ausgaben

Aus meinem Leben

Meine Erfahrung mit Kirche und Anthroposophie

Sehr verehrte Anwesende, es ist heute Abend das erste Mal in meinem Leben, dass ich einen Vortrag über meine Biografie halte, deswegen zittere ich innerlich etwas, weil ich mich frage: Wie wird es wohl sein? Und während ich das vorbereitet habe, da habe ich mir gesagt, das machst du einmal und nie wieder.

Denn eine autobiografische Skizze, dazu eine auf das Innerliche ausgerichtete, zu geben, ist in dem Sinne keine leichte Sache, weil jeder einerseits am besten geeignet ist, über sein eigenes Leben zu sprechen, andererseits zugleich am schlechtesten. Am besten weil, wo es um innerlich Durchlebtes geht, nur derjenige sachgemäß darüber berichten kann, der es tatsächlich durchlebt hat, der weiß, wie es sich anfühlt, wenn man manches durchmacht. Er und kein anderer hat es ja durchlebt. Andererseits ist er wiederum von allen am wenigsten geeignet, darüber zu sprechen, weil gerade er keine Distanz seinem eigenen Leben gegenüber haben kann, niemals ganz objektiv darüber berichten kann.

Wenn man trotzdem versucht, das eigene Leben, die eigenen Lebenserfahrungen, anderen mitzuteilen, da ist natürlich ein gewisses Maß an Objektivität gefragt. Man soll versuchen, das eigene Leben so zu schildern, Dinge herauszugreifen, die auch anderen etwas bedeuten können. Nicht zu unterschätzen ist die menschliche Natur, die wir gemeinsam haben. So fühle ich mich in einem gewissen Sinne ausgeliefert, weil ich Ihnen etwas erzählen muss, wofür ich mich sowohl am meisten wie auch am wenigsten kompetent fühle. Deswegen werde ich auch einiges in Paradoxien aussprechen müssen.

Ich habe mich gefragt, ob es sich lohnen würde, rein theoretisch über Kirche und Anthroposophie, die Geisteswissenschaft Rudolf Steiners, zu sprechen. Ich selbst lebe im Gedankengut Steiners, in diesem gewaltigsten Vermächtnis an die Menschheit, schon seit fünfundzwanzig Jahren, seitdem ich zum ersten Mal den Namen Rudolf Steiner überhaupt schriftlich entdeckt habe. Ich war in meinem dreiunddreißigsten Lebensjahr, ich hatte vorher diesen Namen niemals gehört, niemals gelesen.

Können Sie mich gut hören, geht es einigermaßen? Ich werde Ihnen auch erzählen, warum meine Stimme nicht hundertprozentig funktioniert. Das gehört auch zu meiner Biografie.

Ich habe mir gesagt, es ist vielleicht in meinem Fall müßig, rein theoretisch zu befinden, inwieweit Kirche und Anthroposophie versöhnbar sind. Jeder ist berechtigt, darüber seine eigenen Gedanken zu haben, auch hat jeder diesbezüglich seine Erfahrungen. Deswegen habe ich mir ein Herz gefasst und gesagt: Nein, ich werde lieber erzählen, wie es bei mir selbst zugegangen ist, und jeder möge dazu Stellung nehmen, wie er will.

Ich bin vor achtundfünfzig Jahren nahe am Gardasee geboren, in einem ganz flachen Land, in der Po-Ebene, aber man kann schon die Voralpen sehen, es gab viel Schnee im Winter. Allerdings muss ich hinzufügen, das kleine Dörflein, wo ich geboren bin, Capriano del Colle – del colle heißt am Hügel –, es ist das einzige Dorf weit und breit mit einem Hügel, mit einer Michaelkirche darauf und mit einem Kirchturm, der der höchste in der ganzen Gegend war. Das war ja, wie soll ich sagen, der Stolz der Dorfbewohner, dass man den höchsten Turm der ganzen Gegend hatte. Und als das Zeitalter der Fahrräder kam, war das eine große zivilisatorische Errungenschaft. Meine Familie wohnte fast drei Kilometer vom Dorf entfernt auf einem Bauernhof. Ich bin als kleines Kind mit ganz wenigen Beziehungen aufgewachsen, die dafür sehr tief waren. Ich musste zu Fuß in die Schule gehen, drei Kilometer, oft auch im Winter im Schnee. Und dann, als das Zeitalter der Fahrräder kam, musste man das Fahrrad unten lassen, weil man ganz unmöglich mit dem Fahrrad den Hügel hinauffahren konnte. Dann ging man zu Fuß in die Kirche.

In meinem Elternhaus – ich bin das vierte von zehn Bauernkindern – gab es, wenn wir Glück gehabt haben, genügend Polenta und sonst kaum etwas zu essen. Einmal im Monat gab es so ein kleines Stück Brot als Fest, weil das Brot zu teuer war. Das Brot war das Essen der Reichen und die Armen haben Polenta gegessen. Das hat man nicht so gemerkt, vor allem weil der christliche Geist meiner Eltern, und ganz besonders meiner Mutter, alles überstrahlt hat. Ich finde das heute ungeheuerlich, wenn ich zurückblicke, denn ich muss schon sagen, Christus war für uns viel realer, als was man gegessen oder sonst gehabt hat. Wenn ein Bettler kam oder jemand, der betrunken war, hat Mutti gesagt, das ist Christus, der uns besucht. Wir waren dann so voller Freude, dass er das größte Stück Polenta bekam, und wir haben uns nicht einmal gefragt, ob das Übrige für uns genug ist. Wir waren voller Freude, dass uns Christus besucht.

Und für meine Mutter war es wirklich so, sie hat nicht gemeint, das ist eine Redeweise, nein, sie hat gewusst, das ist wirklich Christus, der uns besucht. Und mit dieser «physisch-metaphysischen» Gegenwart des Christus bin ich aufgewachsen. Wenn ich meine Augen schließe, sehe ich noch meinen Vater, der nach dem kargen Mahl, ganz besonders zum Mittagessen, oft ein Gleichnis aus dem Evangelium erzählt hat, zum Beispiel das Gleichnis des guten Samariters oder des verlorenen Sohnes. Man hatte keine Bücher im Haus, aber man hatte in der Kirche das Evangelium gehört. Es war nur selten, dass mein Vater es geschafft hat, ein Gleichnis zu Ende zu erzählen. Er war so ergriffen, dass seine Stimme nicht weiterging, und wir haben als Kinder einfach alle «mitgeweint». So habe ich das Evangelium als Kind «gelernt», wenn man so sagen kann.

Man hat jeden Abend, ganz gleich wie spät es war, kniend um den Tisch herum den Rosenkranz gebetet und dann drangehängt alle möglichen «Gegrüßet seist du, Maria» für diesen und jenen und für die ganze Welt. Es ging fast eine Stunde lang so zu. Man musste natürlich die Hände schön gefaltet halten. Und wenn man Gefahr lief, dass man als kleines Kind einschläft, dann hat man so eine sanfte Ohrfeige bekommen und dann war man wieder wach, denn beim Beten darf man nicht einschlafen.

Ich war neuneinhalb Jahre alt, da kamen zwei Missionare ins Dorf, die einem Orden angehörten, der auch in Deutschland ein paar Häuser und in Hünfeld bei Fulda seine Hauptniederlassung hat. Es sind «Die Oblaten der unbefleckten Jungfrau Maria» – die evangelischen Leute hier im Saal können sich vielleicht eine Scheibe abschneiden von so einem Ehrennamen (Heiterkeit im Saal). Also diese zwei Missionare kamen ins Dorf, man hat das damals Volksmission genannt. Sie haben für drei oder vier Wochen «Mission» gehalten, aber eines war für diese Missionare sehr wichtig oder vielleicht das Wichtigste: Es gab einen Tag, wo sie alle Buben der umliegenden Dörfer in die Kirche zusammengerufen haben, und da hat uns dieser Missionar erzählt – ich habe ihn noch vor Augen –, wie so viele arme schwarze Menschen in Afrika und wie so viele Menschen in Asien Christus nicht kennen. Und dass Missionare nötig sind, um ihnen Christus zu bringen, damit sie Christus kennenlernen.

Ich war als neuneinhalbjähriges Kind in Tränen, weil ich dachte, Mensch, wie kann man ohne Christus leben, denn das war das Beste, was wir gehabt haben. Wir waren vielleicht zweihundertfünfzig Buben, und am Ende seiner Predigt fragte der Pater: «Wer von euch möchte Missionar werden?» Denken Sie, dass meine Hand irgendeine Zehntelsekunde wartete, um hochzugehen? Nein! Dann hat er uns, wir waren etwa zehn, die die Hand erhoben hatten, in die Sakristei gerufen. Und nach sechs Monaten war ich in einer Klosterschule, kaum zehnjährig, in der Nähe von Venedig. – Es war eine Entwurzelung ohnegleichen. Damals hat man die Buben so früh erwischt, weil man wusste, später wird es schwieriger. Aber heute sind die Eltern klüger geworden, sie lassen das nicht mehr zu, damals war es aber so.

Ich nehme das als mein gutes Karma, dass es so war. Allerdings im Nachhinein muss ich sagen, die religiöse Substanz, die Innigkeit, die Tiefe war weniger im Seminar zu finden als zu Hause, so paradox das klingen mag. Das habe ich damals nicht gemerkt, ich war zu klein. Nur im Nachhinein kann ich das sagen.

Nach vier Jahren ging es weiter nach Florenz, da habe ich mit Dante die italienische Sprache schön aufgefrischt, weil ein Lombarde ja ein ziemlicher Barbar ist dem Italienischen gegenüber. Das Lombardische ist ja etwas ganz anderes als das Italienische. Meine Mutter hat niemals anständig italienisch reden können, sie hat sich immer wieder bemüht, aber sie hat sich so blamiert, dass sie dann die letzten Jahre völlig verzichtet hat, italienisch zu reden.

In der Schule in Florenz, man hat sie damals Gymnasium und Lyzeum genannt, ging es darum, klassische Studien zu machen. Neben Griechisch und Lateinisch ging es natürlich auch ganz besonders um *Die Göttliche Komödie* Dantes. Im Seminar gab's neben dem Studium auch viel Kunst, vor allem Musik und Theaterspiel. Und das andere, was ich vielleicht noch erwähnen sollte in meiner Biografie, auch im Hinblick auf die Begegnung mit Rudolf Steiner: Ich war damals wirklich verliebt in ein Hauptfach: die Geschichte der Philosophie. Ich liebte die Geschichte der Philosophie. Ich habe ganze Hefte handgeschrieben gefüllt, wo ich unter anderem auf meine Weise die Philosophie der deutschen Idealisten zusammenfasste.

Dann machte man, nach dem Abitur, ein Jahr Noviziat, so hat man das genannt. Das war ein Jahr, wo man das Studium unterbrochen hat und nur geistige Übungen gemacht hat, um sich auf die Gelübde vorzubereiten. Das war im Süden Italiens, in den Abruzzen. Für einen wie mich aus dem Norden war das wie ein fremdes Land, eine ganz andere Mentalität. Dann wurde die Entscheidung getroffen, dass ich nach Rom für das Philosophie- und Theologiestudium gehen soll. Das war allerdings eine Ausnahme, weil alle meine Klassenkameraden nach Turin gingen. Nur einige von jedem Land wurden nach Rom berufen. Und, ja ich muss natürlich vieles zusammenfassen, jetzt fand ich mich da in Rom, um scholastische Philosophie zu studieren. Das Haus der Studenten heißt heute noch «Scholastikat».

Ich habe insgesamt, zwischen Rom und später München, zwölf Semester Philosophie und zehn Semester Theologie studiert. Das sehen Sie an den Haaren, die ich verloren habe. Die Vorlesungen waren damals noch alle auf Lateinisch, aber wir waren gut gewappnet. Fast alle Professoren waren Jesuiten, das war die höchste jesuitische Schule, die Gregoriana in Rom. Nicht, wie viele Anthroposophen das kolportiert haben, dass ich Jesuit gewesen wäre. Es ist etwas ganz anderes, jesuitische Professoren zu haben, gegen die man lieber schimpft, als dass man andächtig auf sie hinschaut, oder im jesuitischen Orden gewesen zu sein. Mein Orden hieß «Die Oblaten der unbefleckten Jungfrau Maria», ein kleiner missionarischer Orden. Mit dem Orden der Jesuiten habe ich wirklich niemals etwas zu tun gehabt, vor allem nichts zu tun haben wollen.

Aber diese Jesuiten waren meistens kluge Köpfe, das ist gar keine Frage. Solange es um Philosophie ging, lebte ich in meinem Element. Meine Seele bekam erst ein Frösteln, als es darum ging, mit dem Studium der Theologie anzufangen und nicht mehr darum, dem Denken freie Bahn, freien Lauf zu lassen, sondern wo jetzt Dogmen verteidigt werden sollten. Und wenn man meine Examina sich anschaut, sieht man den Unterschied zwischen den Noten, die ich in Philosophie und denen, die ich in Theologie bekommen habe.

Aber das andere war, dass wir in diesem kleinen Orden so achtzig bis hundert Studenten waren, die von allen Ländern der Welt her kamen. Ich war einige Jahre hindurch sogar der einzige Italiener im Haus. Und um rein überleben zu können unter uns Studenten, musste man mindestens zwei, drei Sprachen beherrschen. Ich habe jedes Jahr eine neue Sprache gelernt, und nach Englisch kam gleich Deutsch, für das Studium der Philosophie eine unentbehrliche Sprache. Ich empfinde das als eine der größten Gnaden meines Lebens, auch heute noch. Ich muss Ihnen sagen, ich habe auch im Anthroposophischen nicht so viel Kosmopolitismus erlebt wie damals in der katholischen Kirche, wo man wirklich aus der ganzen Welt zusammenkam und täglich zusammenlebte. Ich denke, das ist eigentlich bis heute nur möglich in der katholischen Kirche, und dafür bin ich bis heute zutiefst dankbar.

Ein Beispiel: Ich lebte eine Zeit lang im selben Zimmer mit einem Amerikaner aus Boston, denn wir hatten nicht genügend Zimmer für alle. Diesen Amerikaner empfand ich als Bedrohung für meinen katholischen Glauben, weil er fast jeden Tag Zeitungen gelesen hat, das war verboten. Und er hat von Amerika Zeitschriften gekriegt, das war auch verboten. Und er hat mehrmals in der Woche geduscht. Mensch, dachte ich, was für eine Zeitverschwendung. Ich habe nur gebetet und gebetet und studiert und studiert. Er hat gemeint, du bist verrückt, du weißt nicht, wie man vernünftig lebt. Aber er hatte ein goldenes Herz, zu unserer beider Versöhnung.

Das waren die achtundsechziger Jahre, wir haben im Seminar, nicht weniger als die anderen da draußen, für unsere Rechte gekämpft. Und die Grundrechte, wofür wir kämpften, waren noch viel «gründlicher» als die Rechte, wofür ein Joschka Fischer gekämpft hat. Und zwar: Wir wollten den Schlüssel des Hauses haben, sodass wir einigermaßen ein- und ausgehen konnten, wann wir wollten. Wir wollten das Recht haben, Zeitungen zu lesen, das gab es vorher nicht. Alle diese Rechte haben wir uns erkämpft, und ich war ganz vorne in diesem Kampf. Das Recht, Alkohol zu trinken, denn das war auch verboten. Das Recht, Mädchen einzuladen, das war ja schlimm. Aber das haben wir alles nacheinander erkämpft, denn wir haben gedroht auszutreten, ratzeputze zu machen, wenn das nicht geschieht. Also Sie sehen, das waren Jahre der harten Auseinandersetzung, das waren die Jahre des Vatikanischen Konzils, wo ein neuer Wind auch in die Kirche kam.

Ich habe viel Jugendarbeit in Rom gemacht, ich hatte ja mit der Sprache des Landes keine Probleme, ich habe mehrere Gemeinschaften von Jugendlichen begleitet, schon als Student. Und das andere noch, was ich hinzufügen sollte, ist, dass ich in meinem zweiundzwanzigsten, dreiundzwanzigsten

Lebensjahr plötzlich, innerhalb von wenigen Monaten, der Kirche als Institution gegenüber aufwachte. Und von einem frommen, ergebenen und auch gehorsamen Studenten wurde ich innerhalb von wenigen Monaten zu einem wirklichen Revoluzzer. Ich möchte das nicht beurteilen, nur als Tatsache hinstellen.

Und seit meinem zweiundzwanzigsten, dreiundzwanzigsten Lebensjahr war es mit der Kirche wirklich ein innerlichster Kampf. Die Quintessenz dieses Kampfes war nicht nur, dass ich gemerkt hatte, dass Kirche und Christus zwei ganz verschiedene Realitäten sind, sondern auch dass ich besonders das Auge auf dasjenige gerichtet habe, was in der Kirche nicht besonders christlich war. Und ich habe gemeint, einiges da zu sehen, was nicht besonders christlich war. Also ich muss wirklich ganz objektiv sagen, seitdem ich der Institution gegenüber aufgewacht bin, war es eine harte Auseinandersetzung. Ich denke nicht, dass das Wort Kampf zu stark ist. Damals kannte ich keine Alternative in Italien. Den Namen Rudolf Steiner hatte ich niemals gehört, niemals gelesen, bei der besten katholischen Ausbildung. So gut «geschützt» war man.

Die einzige kulturelle Alternative, die damals in Italien sehr laut war, wäre der Marxismus gewesen.

Ich war schon immer, wenn Sie so wollen, eher links als rechts eingestellt, mit aller Achtung gegenüber denjenigen, die politisch mehr zur anderen Seite neigen. Nur für mich ist es das Eine, sozial links eingestellt zu sein – das ist ja, mindestens in der Theorie, das reinste Evangelium, denn Christus hatte auch, wenn schon eine Neigung, dann für diejenigen, für die keiner eine Neigung hatte, also für die Armen, die Kranken, die Sünder und die Ausgestoßenen –, doch es ist, kulturell gesehen, etwas anderes, Christentum und Katholizismus trotz Kirche zu verlassen, um dem Marxismus zu folgen. Nein, das hat mich niemals auch nur im Geringsten irgendwie angezogen.

Denn ich muss vielleicht noch hinzufügen, unser Philosophiestudium hatte sozusagen drei Säulen: Aristoteles, Thomas von Aquino und – hören und staunen Sie: die deutschen Idealisten. Die deutschen Idealisten, die wir und auch die Professoren nicht weniger hoch geachtet und auch innig studiert haben als Thomas von Aquino und Aristoteles. Dieses Gedankengut, dieses Unermessliche zu verlassen, um Karl Marx zu folgen, bei allem Respekt wohlgemerkt vor Karl Marx, nein, nein, das kam für mich nicht infrage. Also was gab es für eine Alternative?

Gar keine! Ich habe ein bisschen gewettert, dass ich aus dem Seminar herauswollte, weil ich sagte, ihr habt mich erwischt, als ich noch zu klein war, was weiß ich, ob das wirklich mein Lebensweg ist.

Sie haben gemeint, wenn der auch nur ein oder zwei Jahre weggeht, dann kommt der nie mehr zurück. Es wurde also ein Kompromiss geschlossen, dass ich in Laos eine Unterbrechung des Studiums mache. Das waren die schlimmsten Jahre des Vietnamkrieges: 1968, 1969 und 1970. Ich bin heute natürlich sehr dankbar, diese Jahre in Laos verbracht zu haben, wo ich neun bis zehn Stunden Unterricht jeden Tag gegeben habe in drei Staatsschulen von der ersten Klasse bis zum Abitur. Ich habe am Anfang auf Französisch unterrichtet, im zweiten Jahr konnte ich schon auf Laotisch unterrichten, das war nicht sonderlich perfekt, aber die Gesichter der Kinder lichteten sich – endlich mal unsere Muttersprache, denn Französisch war für sie eine fremde Sprache. Ich habe Mathematik, Musik unterrichtet usw. Man hat auch viel für das Medizinische getan, so wie die Missionare das tun. Ich habe den Buddhismus innigst geliebt, alle Feste mitgemacht. Es gab viel Ärger mit den älteren Missionaren, die die Menschen nur von ihrem «Irrtum» zur katholischen «Wahrheit» bekehren wollten. Als ob man eine Religion wie ein Kleid einfach auswechseln könnte.

Ja es ginge ins Unendliche, wenn ich Ihnen erzählen würde, wie das war, den Vietnamkrieg so nah zu erleben. In Laos war das Leben viel gefährlicher als in Vietnam. Sie werden in Erinnerung haben, dass in Vietnam durch die entmilitarisierte Zone Nordvietnam und Südvietnam voneinander getrennt waren. Und deswegen gab es den Ho-Chi-Minh-Pfad, der fünf-, sechshundert Kilometer durch Laos hindurchlief, und da war das Leben sehr gefährlich. Man hat wirklich immer wieder das Leben riskiert. Vielleicht erzähle ich Ihnen ein Beispiel, nur muss ich auf die Uhr gucken, denn wir sind ja in Deutschland und man muss die Uhrzeit beachten. Ich habe immer gesagt, wenn ich nochmals auf die Erde komme, werde ich in Mitteleuropa geboren, um mich kürzer fassen zu können, wenn ich rede, denn diesmal bin ich im falschen Land geboren, was das knappe Reden angeht.

Ich wollte Ihnen erzählen: Wegen des Vietnamkrieges wollten viele Leute, die Französisch konnten, Beamte usw., sie wollten dazu Englisch, Amerikanisch lernen, um überhaupt sich mit den Amerikanern verständigen zu können, denn es waren GIs, es waren CIA-Leute überall inkognito. Und jetzt hatte ich am Abend nach dem Unterricht mit den Kindern für Beamte und Erwachsene zwei Stunden Englischunterricht angeboten, und es kam mir nicht einmal in den Sinn, dafür Geld zu verlangen.

Eines Morgens kommen zwei Kinder von der ersten Klasse, sie bringen uns einen Brief, den sie auf dem Holzpfosten vor der Schule gefunden hatten, in schöner laotischer Schrift, mit ihren wunderbaren runden Ringen. Im Brief stand: «Lieber Herr der langen Nase – nicht dass meine Nase besonders lang ist, aber ihre Nasen sind viel gedrängter, also Herr der langen Nase heißt Ausländer –, wir haben erfahren, dass du diese volksbeschädigende Tätigkeit betreibst, die Sprache der imperialistischen Amerikaner unserem Volk beizubringen. Wir hoffen, dass du verstehst, was für ein Verderben das für unser Volk ist – das war die Sprache der Kommunisten, die berühmten Vietcong und Pathet Lao –, und dass du sofort diese Tätigkeit einstellst, sonst werden wir dich besuchen.» Wir sind zum Präfekten der Stadt gegangen und er sagte, das ist die Sprache der Pathet Lao und des Vietcong, das ist die Sprache der Kommunisten. Nur, sagte er, wer weiß, da ist vielleicht jemand, der selber Englisch unterrichten möchte, um ein bisschen Geld damit zu machen, der könnte das genauso geschrieben haben.

Also wir gingen zurück nach Hause – wir waren drei Missionare, wir haben heftig gestritten. Ich habe gesagt: «Nein, ich höre nicht auf mit dieser Tätigkeit. Wenn ich aufhöre, dann kann jeder ein paar Zeilen schreiben, sie können dann erreichen, dass wir alles einstellen müssen, was wir tun.» Und ich dachte, ich wäre sehr mutig. An dem Abend, es war schon dunkel, es war Februar, wir hatten einen kleinen Generator, ich ging hin und her, und die Leute, sie kamen und kamen nicht, zum ersten Mal. Ich hatte so viel Angst, dass mein Herz bum, bum, bum gemacht hat und ich dachte, Mensch, hier bricht alles auseinander, das war meine einzige Sorge. Plötzlich erscheint, fünf oder zehn Minuten später als sonst, wo schon vielleicht siebzig, achtzig Leute sonst da waren, ein Jeep, und ich dachte: «Jetzt ist es entweder aus oder meine Rettung.» Es waren Leute, die am weitesten entfernt wohnten und die öfters zu spät kamen. Und sie fragten: «Warum ist kein Mensch hier?» Ich habe gesagt, ich weiß auch nicht. Und dann kamen noch ein paar Leute, die auch von weiter weg und immer später kamen. Am nächsten Tag haben wir dann erfahren, dass die zwei Kinder, die uns den Brief gebracht hatten, das gelesen hatten, es war ja laotisch geschrieben, sie hatten die Nachricht schnell verbreitet und die ganze Stadt hatte gesagt, wir beschließen, nicht mehr hinzugehen, sonst werden unsere Missionare wirklich getötet.

Seit dem Tage hat uns die ganze buddhistische Bevölkerung als Heilige des Buddhismus verehrt, denn sie wussten, wir haben wirklich unser Leben für sie aufs Spiel gesetzt. Ich wusste, dass ich das Leben riskierte, denn diese Kommunisten scherzten nicht, besonders mit katholischen Missionaren nicht, es war ja Krieg. Ich hatte alles getan, dass wir auch mit den Kommunisten reden, nicht nur mit den Amerikanern. Aber die Missionare sagten: Nein, mit Atheisten reden wir nicht. Und ich wurde von vielen als «Marxist» angesehen.

Ich kam zurück nach Rom, bin dann geweiht worden und mein erster Einsatz – ich kann ja nur einiges herausgreifen – war New York. Man brauchte jemanden, der Englisch konnte, in einer Pfarrei, die drei Generationen vorher von ausgewanderten Italienern gegründet war. Es waren eigentlich keine Italiener, es waren ursprünglich Sizilianer und Kalabresen, also für mich waren es keine Italiener. Von acht Sonntagsmessen waren sieben auf Amerikanisch und nur eine auf Italienisch. Und als ich dann die «Ureinwanderer» besuchen musste, meistens Großmütter, da haben sie überhaupt nicht italienisch gesprochen, sie haben sizilianisch oder kalabresisch gesprochen und ich habe kein Wort verstanden. Ich habe immer versucht, zu gucken, ob jetzt ein Ja oder ein Nein passt; si, si, si, no, no, no. Und wenn es nicht gepasst hat, dann hat die Betreffende gesagt, was, du sagst ja? Nein, nein, nein, Entschuldigung, habe ich dann schnell gesagt. Ich habe meistens überhaupt nichts verstanden. Und ich war als Italiener dahin gegangen, aber das waren inzwischen wirklich alles Amerikaner geworden, also die zweite, dritte Generation waren vollblütige Amerikaner sozusagen.

Ich könnte vieles über mein Leben in Amerika Mitte der siebziger Jahre erzählen. Hier vielleicht nur dieses: Ich habe zu jener Zeit meine Stimme verloren, sie versagte allmählich. Erst viel später ist ein Arzt in Mailand auf die Idee gekommen, mir ein Kontrastmittel zu geben, und beim Röntgen hat man bemerkt, dass die Speiseröhre stark gekrümmt war. Das war ein Schilddrüsenkropf. Heute funktioniert bei mir so richtig nur ein Stimmband; es ist ein Wunder, dass ich überhaupt sprechen kann.

Ich habe mir das so erklärt – jeder Mensch muss ja irgendwie auch das Gute finden in dem, was ihm passiert –, dass ich mir gesagt habe: Wenn ich damals meine Stimme nicht verloren hätte, hätte mir der missionarische Orden, in dem ich tätig war («Die Oblaten der unbefleckten Jungfrau Maria»), niemals gegönnt, Einsiedler am Comer See zu werden, und ich hätte dann die Schriften Rudolf Steiners vielleicht niemals entdeckt. Eine Zeit lang als Einsiedler zu leben, war immer ein Traum meines Lebens gewesen. Nicht, dass ich ein ganzes Leben als Einsiedler leben möchte, dafür bin ich viel zu redselig. Nur, wenn ich das jetzt so zusammenfassen darf, lebte in mir eine tiefe Empfindung, die sagte: Wir haben fast nichts mehr an Wahrheit, wir haben nur Worte, leere Worte. Wenn ich einen Zug meines inneren Lebens herausgreifen darf, dann ist es ein unstillbarer Durst nach Wahrheit. Ich wurde zum Beispiel damals gefragt, ob ich die Gemeinde in New York leiten würde – das wäre eine «Lebensversicherung» ohnegleichen gewesen, denn es stand viel Geld zur Verfügung. Ich habe das abgelehnt, weil ich wusste, dann wäre ich nicht mehr frei, zu sagen, was ich denke, oder weiterzusuchen, mich frei zu bewegen und immer unterwegs zu bleiben.

Weil ich meine Stimme fast ganz verloren hatte, wurde mir erlaubt, Einsiedler am Comer See zu werden. Kurze Zeit nach der Ankunft fand ich bei der Lektüre des italienischen Autors Massimo Scaligero hinter einem Zitat in Klammern gesetzt den Namen «Rudolf Steiner». Ich habe mir gesagt: «Nun, Rudolf Steiner ist sicherlich ein deutscher Name.» Ich las nochmals das Zitat. Der Autor Scaligero hatte im ganzen Buch vom «Meister der neuen Zeiten» geschwärmt, ohne an irgendeiner Stelle zu sagen, wen er meinte. Innerhalb weniger Sekunden wusste ich: Dieser Steiner ist die Quelle, ist der «Meister», von dem im Buch ständig die Rede ist. Und meine nächste Frage war: Wer ist dieser Rudolf Steiner, und wann hat er gelebt?

Und jetzt war ich als Einsiedler, in diesem entlegenen Haus am Comer See, auf der Suche nach Rudolf Steiner. Zwar waren am Ende von Scaligeros Buch zwanzig seiner eigenen Bücher angeführt, aber nichts von Rudolf Steiner. Zwei Monate später, in Mailand, habe ich die ersten Bücher Rudolf Steiners gefunden.

Ich musste Vorträge für eine kleine Gruppe von Nonnen halten, mehr mit dem Hauch als mit der Stimme. Aber man hat ja als Ordensmann das Gelübde des Gehorsams abgelegt, und jemand war in letzter Minute ausgefallen, und ich musste ihn vertreten, obwohl ich das eigentlich nicht wollte. Zwischen den Vorträgen habe ich keine Kirchen besucht, davon hatte ich genug, sondern Buchhandlungen. Und in einer kleinen Buchhandlung am Domplatz fand ich zum ersten Mal Bücher von Rudolf Steiner. So ging ich zu den Nonnen zurück, um sie um ein wenig Geld zu bitten, denn ein guter Ordensmann besitzt kein Geld. Ich wollte ihnen nicht sagen, wofür ich das Geld brauchte, nämlich um Bücher von Rudolf Steiner zu kaufen. Ich habe nur gesagt, dass ich Geld für Bücher benötige. Und das Erste, was ich kaufte, waren *Die Philosophie der Freiheit* und die Hamburger Vorträge über das Johannes-Evangelium.* Innerhalb von Tagen, liebe Anwesende, ich könnte sogar sagen, innerhalb von Stunden, wusste ich mit innerster Gewissheit: Das ist dasjenige, was du ein ganzes Leben in Ost und West gesucht hast. Wie ein Orkan hat es auf mich gewirkt.

Bei den Vorträgen über das Johannes-Evangelium habe ich festgestellt, dass alles Mögliche vorausgesetzt wird, aber bei der *Philosophie der Freiheit* war es ganz anders: Es war so, als wäre jeder Satz mir aus der Seele gesprochen, bis in die Formulierungen hinein. Ich hatte ja eine sehr gründliche philosophische Ausbildung hinter mir. Ich habe bald gemerkt, dass die Geisteswissenschaft Rudolf Steiners, quantitativ gesehen, eine ziemliche Strapaze ist, nicht, dass ich sofort die dreihundertfünfzig Bände gekauft hätte, aber ich hatte mich nach dem Umfang des Werkes erkundigt. Ich habe mir dann gesagt: Du hast ein Zimmer, du hast einen Teller, ein Bett, dein Schicksal hat für all das gesorgt. Jetzt merkst du, wie umfangreich dieser Impuls ist, bleibe ruhig. Du brauchst viel Zeit, um dich da hineinzuvertiefen. Solange du den Mund über gewisse Dinge halten kannst, wird es mit der Kirche schon gehen. Es wird nicht mehr zu vereinbaren sein, wenn du anfängst darüber zu reden. Das habe ich ganz genau gewusst, denn ich kannte ja «den Laden» sehr gut.

Kurz und gut, ich war jetzt zwei Jahre Einsiedler und habe, am Stehpult arbeitend, zwischen sechzehn und achtzehn Stunden pro Tag, «volle Pulle», wie man salopp sagt, im Durchschnitt pro Tag einen Band der Gesamtausgabe gelesen. Ich hätte heute nicht die Hälfte der physischen Kräfte, die damals vorhanden waren, und ich lese Steiner heute auch viel langsamer. Damals war ich wie ein ausgetrocknetes Land, das vom Wasser nie genug haben kann.

Ich habe von Anfang an ein Büchlein geführt, in das ich jedes Mal eintrage, wenn ein Buch zu Ende gelesen ist. Ich habe die Gesamtausgabe Rudolf Steiners im Durchschnitt vier- bis fünfmal durchgeackert. Manche Bände zehnmal, andere zweimal, aber wenn ich die Bände zusammenzähle, die ich in den letzten siebenundzwanzig Jahren durchgearbeitet habe, dann sind es an die zweitausend.

Was ich damit sagen will, ist: Die Geisteswissenschaft Rudolf Steiners ist für mich zum wichtigsten Lebensinhalt geworden. Ich war nur gespannt, wie lange das mit der katholischen Kirche gut gehen würde, besonders aufgrund der Frage, die im Katholischen bis heute mehr verpönt als zugelassen wird: Ob der Mensch tatsächlich nur einmal das wunderbare Geschenk bekommt, ein Leben auf der Erde zu verbringen, oder ob es nicht besser zur Fülle der göttlichen Gnade und Liebe passt, dass jedem Menschengeist der Auftrag gegeben wird, mitverantwortlich zu sein für die ganze Entwicklung von Erde und Mensch, von Anfang bis Ende.

Ich möchte versuchen, einige wenige Aspekte der Geisteswissenschaft Rudolf Steiners darzustellen. Als Erstes das Folgende: Ich habe immer gestaunt, wie durch die Lektüre von Rudolf Steiners Texten über unzählige Dinge Klarheit geschaffen wird. Ich habe niemals, wirklich niemals, Rudolf Steiner irgendetwas «geglaubt». Das kommt für mich nicht infrage; meine Ausbildung war viel zu rationalistisch, als dass ich es mir erlauben würde, jemand anderem etwas zu glauben. Meine Schwierigkeiten mit der Kirche lagen gerade darin, dass sie verlangt, auch dasjenige zu glauben, was man nicht versteht. Ich habe immer gemeint, ein Recht zu haben, die Dinge zu verstehen. Wenn mir Unendliches bei Rudolf Steiner einleuchtet, dann deswegen, weil mein Denken dasjenige, was ich da lese, in Einklang sieht mit der Wirklichkeit, in der wir leben. Das Kriterium der Wahrheit ist: der Einklang mit der Wirklichkeit. Kein leichtes Kriterium vielleicht, aber ein einfacheres gibt es nicht. Denn etwas ist nur dann wahr, wenn es in Harmonie steht mit der ganzen Schöpfung. Wahr ist alles, was die Schöpfung so beleuchtet, dass sie dadurch besser, gründlicher, tiefer erfasst werden kann.

Rudolf Steiner hat mir zum Beispiel den Gedanken der Inspiration der Heiligen Schrift gerettet. Denn im Theologiestudium wurden uns Matthäus, Markus, Lukas und Johannes so dargestellt, dass sie zwar gute Menschen waren, aber wissenschaftlich noch nicht so weit, wie wir heute sind, als Historiker nicht so fachkundig wie ein Exegeseprofessor von heute. Sie haben sicherlich als Evangelisten ihr Bestes getan, aber als Geschichtswissenschaftler kommen sie nicht infrage. Und manchmal hatte ich in den Studienjahren den Eindruck, dass mancher Professor des Neuen Testaments sich viel gescheiter dünkte als Matthäus, Markus, Lukas und Johannes zusammengenommen: Er hat immer gewusst, wo korrigiert werden muss, wann sich wer wiederholt, wer von wem kopiert hat und wo sie sich alle widersprechen!

Und jetzt lese ich Rudolf Steiner – ich fasse Dinge zusammen, die mich seit fast dreißig Jahren so gut wie Tag und Nacht beschäftigen –, und er sagt mir: Die Evangelien sind von Menschen geschrieben, man nennt sie Eingeweihte, die echte Erfahrungen im Übersinnlichen hatten. Sie konnten das Geistige wahrnehmen, was ein normaler Mensch nicht kann. Und nur weil die herkömmliche Theologie den Schlüssel zu ihrer Sprache verloren hat – was auch, es ist keine Kritik, zu den Notwendigkeiten der Entwicklung gehört –, weil sie die Fachsprache des Esoterismus nicht mehr versteht, kann sie beim besten Willen mit diesen Texten kaum etwas anfangen.

Ich kann Ihnen nur sagen: Meine Ehrfurcht vor den Evangelien ist wieder so groß geworden, dass ich mein Griechisch erneut aufgefrischt habe. Und ich lese weiter bei Rudolf Steiner: Du kannst dich dem Johannes-Evangelium nur nähern, indem du jedes Wort auf die Goldwaage legst. Alles in diesem Evangelium zeugt von geisteswissenschaftlicher Genauigkeit und von unendlicher Tiefe. Sagen Sie mir, ob es im Katholischen oder im Evangelischen auch nur einen einzigen Menschen gibt, einen Professor, der eine so geartete Ehrfurcht vor der Heiligen Schrift hat. Sie können sich vorstellen, wie einem zumute ist, wie es einem wehtut, wenn man liest, Rudolf Steiner habe von den christlichen Schriften wenig gehalten. Eine solche Verkennung Rudolf Steiners gehört in meinen Augen wesentlich zur Tragik des heutigen Christentums.

Oder ein anderes Beispiel: Ich sehe mich in New York – da hatte ich den Namen Rudolf Steiner noch niemals gelesen –, ich sehe mich am Dreikönigstag mehrmals, weil ja die Predigt mehrmals gehalten werden musste, von der Kanzel den Menschen sagen: Liebe Mitchristen, ich gehe selbstverständlich davon aus, dass Sie nicht denken, dass diese drei Könige leibhaftig vom Osten gekommen sind, um das Kind anzubeten. Wir sind doch aufgeklärte Menschen, aufgeklärte Christen, wir verstehen das als ein schönes Bild, als eine schöne Geschichte, die Matthäus erfunden hat, um uns zu sagen, dass dieses Kind der König der ganzen Welt ist. Aber wir sollten nicht so naiv sein und denken, sie seien wirklich vom Osten gekommen.

Nicht einmal ein Jahr später, als Einsiedler am Comer See, lese ich Vorträge Rudolf Steiners über das Matthäus-Evangelium.* Da heißt es: Die drei Könige waren Eingeweihte, welche die ganze Weisheit des Zarathustra von Generation zu Generation, über Jahrtausende hinweg, überliefert bekommen hatten. Sie besaßen die Fähigkeit, die Konstellationen und den Lauf der Sterne zu deuten, sie wussten: Wenn die Sterne so zueinander stehen, dass eine bestimmte Konstellation eintritt, dann kommt unser «Stern», unser großer Lehrer, wieder auf die Erde. Und die drei Könige sind leibhaftig vom Osten gekommen, um diesem Kind ihre Gaben zu bringen. Ich fragte mich: Mensch, was hast du als katholischer Priester in New York gepredigt?, dass es naiv sei, das als historisch geschehen anzusehen.

Nicht nur die Heilige Schrift, sondern auch Christus selbst wurde durch die Lektüre Rudolf Steiners von etwas Kümmerlichem zu etwas unendlich Bedeutsamem, denn der Christus der katholischen Kirche ist etwas äußerst Kümmerliches, verglichen mit dem Christus Rudolf Steiners. Durch Rudolf Steiner kann man auf allen Gebieten des Lebens eine ungeheuerliche Erweiterung der Horizonte erleben. Christus wird von ihm als die geistige Wesenheit geschildert, die alle Kräfte der Engel, Erzengel und Fürstentümer, der Gewalten, Mächte und Herrschaften, der Throne, Cherubim und Seraphim zu einem geistigen Organismus in sich zusammenschließt. Alle Wesen unseres Planetensystems werden in seinem Herzen, durch seine Liebe zu einer Einheit gebracht. Ich fragte mich: Wie ist es möglich, dass das Christentum die kosmische Dimension des Christus verloren hat? Und ich höre bis heute Kritiker sagen: «Die Anthroposophie Rudolf Steiners ist unchristlich.»

Die heutige Menschheit, auch die heutige Theologie ist buchstäblich von allen guten Geistern verlassen. Aber der Sinn davon ist: Nur weil die Überlieferung alle geistigen Wesen aus dem Auge verloren hat, gibt es für den einzelnen suchenden Menschen die Möglichkeit, den Geist ganz aus der individuellen Initiative heraus zu suchen und ihn immer mehr zu finden. Aus der Sackgasse des Materialismus kommt die Menschheit nicht allein durch den Glauben heraus. Der Glaube allein wird immer weniger die Menschen tragen können. Meine Mutter hat mir immer gesagt: «Kind, kannst du das nicht einfach glauben?» Und ich habe ihr geantwortet: «Mutti, ich beneide dich, dass du das einfach alles glauben kannst, auch ohne es zu verstehen – ich kann das nicht.»

Die Menschheit steht nach meiner Überzeugung an einer großen Schwelle ihrer Entwicklung, wo der Materialismus überwunden werden muss, wenn sie nicht von einem Abgrund der Unmenschlichkeit in den nächsten gehen will. Dies kann nicht durch ein Zurückgehen zum alten Glauben geschehen, es muss ein Weg nach vorn gefunden werden. Nach mehreren hundert Jahren Wissenschaftlichkeit im Ergründen der materiellen Welt wird der einzige Weg nach vorn nur eine gediegene, nicht weniger wissenschaftliche, nach allen Seiten ausgebaute Erkenntnis des Geistigen, des Übersinnlichen, sein können. Ich betrachte die Geisteswissenschaft Rudolf Steiners als die erste «Grammatik» in der Menschheit, die es ermöglicht, eine Wissenschaft des Übersinnlichen aufzubauen.

Ein anderes bei Rudolf Steiner ist, dass alles vom Gesichtspunkt der Entwicklung betrachtet wird. Die Menschheit ist in Entwicklung begriffen, jeder Mensch entwickelt sich unentwegt, wie alles auf der Erde sich entwickelt. Eine Aussage, die für eine Zeit richtig ist, kann niemals für eine andere Zeit in gleicher Weise richtig sein.

Und hier komme ich zu einem ganz wesentlichen Punkt der Auseinandersetzung zwischen Kirche und Geisteswissenschaft, wo ich mir sagen musste: Es geht für dich mit der katholischen Kirche beim besten Willen nicht mehr. Sie verlangt von dir, dass du ihre Dogmen verkündest. Dir bleibt keine andere Wahl: Du musst das, was du sagen und tun willst, anderswo sagen und tun. Diese Unversöhnbarkeit gilt allerdings nur für die Kirche als Institution, weil sie nicht anders kann, als die Verteidigung ihrer Machtposition in der Menschheit als erste Priorität zu haben. Sie gilt nicht für den einzelnen Katholiken, der seinen Katholizismus nach allen Seiten immer erweitern und vertiefen kann.

Eine wichtige Seite der Unversöhnbarkeit mit der Kirche liegt gerade in der Würdigung der Entwicklung. Für Rudolf Steiner wäre es ein unchristlicher Gedanke, dass Christus vor zweitausend Jahren alles gesagt haben soll, was er der Menschheit mitzuteilen hat, und dass er heute nicht mehr unmittelbar mit der Menschheit spräche. Zu behaupten, dass die Offenbarung des Christus mit dem Neuen Testament abgeschlossen sei, heißt Christus für unsere Zeit mundtot zu machen, heißt zu dekretieren, dass er von jenem Zeitpunkt an nichts mehr sagen darf. Das widerspricht der Tatsache, dass er den Menschen versprochen hat, eine geistige Wiederkunft mit ihnen zu feiern. Meinen die Kirchen wirklich, dass Christus bei seiner Wiederkunft nur dasselbe wiederholen wird, was er vor zweitausend Jahren sagte? Aus dem Begriff der Entwicklung folgt für Rudolf Steiner: Christus begleitet die Menschen während ihrer ganzen Entwicklung. Er spricht geistig immer, und er hat jederzeit neue Dinge zu sagen, weil die Aufgaben der Entwicklung immer andere sind. Durch das ausschließliche Erleben der materiellen Welt sind heute viele Menschen nur taub geworden und hören seine Stimme nicht mehr.

Vier Jahre nach der Rückkehr aus den USA wurde ich eines Tages von ehemaligen Kollegen nach Südafrika eingeladen, dort Dozent an einem Priesterseminar zu werden. Ich sagte: «Ich komme gern, nur muss ich euch eines ganz ehrlich sagen: Seht ihr diese dreihundertfünfzig Bände? Ich bin ein echter ‹Steiner-Narr› – und möchte es bleiben. Wenn ihr mich als Steiner-Narren haben wollt, dann komme ich gerne.» Die haben keine Ahnung gehabt, was ich damit meinte. Sie meinten mich von der Studentenzeit her gut zu kennen, ich könne doch unmöglich ganz verrückt geworden sein, und sie brauchten einen, der die Kurse hält, die sonst niemand halten wollte, und ich solle kommen. Ich sagte: «Gut, ich komme.»

Und jetzt war ich 1981 in Südafrika, noch zu Zeiten der Apartheid. Da hatten wir eine Ausnahmegenehmigung: Dank dem Einfluss der Kirche wurde es von der Regierung geduldet, dass im Seminar alle Rassen zusammenlebten. Südafrika ist das Land auf der Erde, wo alle Rassen vertreten sind. Dort leben auch über eine Million Inder. Gandhi hat ja in Südafrika seine Mission begonnen.

Ich stand jetzt vor diesen Studenten, die die ganze Menschheit repräsentierten. Fünf Jahre lang war ich dort. Ich habe gedacht: Die Geisteswissenschaft Rudolf Steiners erlebst du als die Methode des Strebens nach Allseitigkeit. Du kannst den Studenten alles Mögliche sagen, du musst es nur in ihre Sprache übersetzen. Du musst versuchen, sie innerlich zu erreichen. Das Alter der Seminaristen ging von Anfang zwanzig bis Ende fünfzig, also hatten wir auch altersmäßig eine bunte Mischung – es haben allerdings die Frauen gefehlt, es war ja ein katholisches Priesterseminar.

Ich sagte mir, du musst diese Menschen dort erreichen, wo sie sind. Du musst eine Sprache sprechen, die jeder Mensch verstehen kann. Wie findet man aber eine Sprache, die für alle Rassen, für alle Kulturen verständlich ist? Äußerlich gesehen war Englisch die einzige Sprache, die wir alle gemeinsam hatten. Ich wollte einerseits jedem Menschenherzen etwas beibringen, was ihm etwas bedeutet, ohne andererseits flach zu werden. Es war für mich eine große Herausforderung, Brücken zu bauen. Und ich muss Ihnen sagen, dass es mit den Studenten gut ging, nur mit den Dozenten wurde es im Laufe der Zeit immer schwieriger.

Und was die Studenten bei mir gern gemocht haben, war, dass ich besonders bei den Prüfungen wenig von ihnen an Wissen verlangt habe, dafür viel an Denken, an Bemühung, die Dinge zu verstehen. Ich bin den Jahren in Südafrika zutiefst dankbar. Nur dank der Geisteswissenschaft Rudolf Steiners konnte ich versuchen, Philosophie und Theologie von immer mehr Seiten darzustellen. Es wäre für mich ganz unmöglich gewesen, auch nur den leisesten Kompromiss mit meinem Gewissen zu schließen. Alles, was ich lehrte, war in meinen Augen reines Christentum, gerade weil es zugleich reine Geisteswissenschaft war – und umgekehrt!

Wie gesagt, ich habe die Kurse gehalten, die kein anderer halten wollte, und jetzt möchte ich Ihnen verraten, welche Kurse das waren. Der eine Kurs war über Gott, der andere über Mariologie, das heißt über die Mutter Gottes. Da habe ich die ganze Entwicklung der Sophia, der Weisheit, erläutert. Ein anderer Kurs behandelte die Geschichte der Philosophie. Es gibt ein Bändchen von Rudolf Steiner: *Der Gedanke im Menschen und im Weltall,*[*] in dem er die zwölf möglichen Weltanschauungen schildert. Jedes Phänomen kann vom Gesichtspunkt des Materialismus aus angesehen werden oder vom Gesichtspunkt des Spiritualismus, des Realismus, des Idealismus, des Rationalismus, des Dynamismus, des Sensualismus, des Pneumatismus, des Mathematizismus, des Monadismus, des Phänomenalismus und des Psychismus! Dazu kommen sieben Arten der inneren Einstellung der Wirklichkeit gegenüber, sieben Seelenstimmungen. Ich habe die Geschichte der

Philosophie erläutert, indem ich gezeigt habe, wie jeder Denker eine dieser Denkweisen bevorzugt, der eine mehr diese, der andere mehr jene, wobei die Wirklichkeit sie alle umfasst, und wie ein Denker dadurch einseitig wird, dass er seine Sichtweise verabsolutiert, die anderen nicht sieht oder gar bekämpft.

Noch ein Beispiel über die Art und Weise, wie ich versucht habe, eine Brücke zu schlagen vom Katholizismus zur Geisteswissenschaft, ganz besonders in der schwierigen Frage der wiederholten Erdenleben. Die Studenten haben mich eines Tages gefragt: «Was denkst du über Wiederverkörperung?», denn sie wussten, dass in den dreihundertfünfzig Steiner-Bänden in meinem Zimmer auch von Wiederverkörperung die Rede ist. Und ich habe geantwortet: «Ja, ihr stellt die Frage vielleicht nicht deswegen, weil ihr an Wiederverkörperung interessiert seid, sondern weil ihr euch die heutige Vorlesung ersparen möchtet – ist ja nicht schlimm, das habe ich als Student auch getan, wenn der Professor nicht besonders interessant war.» Und ich habe ihnen erklärt, dass es ihnen nichts nützt, wenn ich jetzt eine Vorlesung über diese Frage halte. Ich habe vorgeschlagen, dass wir versuchen, Judas zu spielen nach seinem Tod. Viele

Schwarze sind geborene Schauspieler, und ich sagte, wir können den Judas spielen, der gerade gestorben ist, und wir gucken, ob der liebe Gott es schafft, ihn in die Hölle zu bringen, oder ob Judas es hinkriegt, sich «herauszureden». Aus dieser Idee ist dann mein Judas-Büchlein* entstanden.

Dem Evangelium zufolge hat Christus nichts getan, um Judas vom Selbstmord abzuhalten, und eine wichtige Frage ist: Wie kann Christus Judas in den Selbstmord entlassen – er sagt ihm: «Was du tust, tu es bald» – ohne die Überzeugung, dass die Entwicklung des Judas weitergeht? Und dieser Judas argumentiert so, dass er sagt: «Gut, gut, lieber Gott, nehmen wir an, ich habe alles verpfuscht, das kann ich erst jetzt einsehen, da mein ganzes Leben ausgebreitet vor mir liegt. Nehmen wir an, ich habe wirklich alles falsch gemacht, ganz bestimmt war es der schlimmste Fehler, mir das Leben zu nehmen. Warum bist du aber so geizig, dass du mir nicht einmal eine zweite Chance gibst, es besser zu machen, etwas daraus zu lernen?»

Ich habe in Rom, an der Gregoriana-Universität, keine einzige Vorlesung über diese Frage gehört. Sind das nicht Züge, wo das traditionelle Christentum zeigt, wie anachronistisch es wird? Denn jeder vernünftige Mensch muss sich sagen: Jeder stirbt doch ganz am Anfang seiner Entwicklung. Er hat kaum damit angefangen, es schlummern in ihm noch unendliche Veranlagungen. Was sind wir, selbst der beste Mensch, am Ende unseres Lebens, wenn nicht Anfänger und weiter nichts? Und von dieser Anfänglichkeit sollen wir mit dem Tod auf irrationale Weise in eine Endgültigkeit für alle Ewigkeit katapultiert werden?

Gerade wegen dieser Frage musste ich letztendlich die katholische Kirche verlassen, weil es beim besten Willen nicht mehr ging. Ich bin überall dort gern, wo ich sagen kann, was ich zu sagen habe. Aber ich musste gehen, vor allem, weil ich die Frage nach der Wiederverkörperung gestellt und noch dazu meine Überzeugung diesbezüglich deutlich gemacht hatte. Und ich sage Ihnen, von einem Tag zum andern waren die Menschen in der katholischen Kirche, mit denen ich aufgewachsen war und jahrzehntelang gearbeitet hatte, plötzlich verschwunden, sie haben sich nicht mehr gemeldet.

Die Auseinandersetzung mit den Inhalten der Geisteswissenschaft Rudolf Steiners ist heute meines Erachtens das Allerwichtigste, wenn die Menschheit aus der tragischen Sackgasse des Materialismus herauswill. Die moderne Naturwissenschaft wartet darauf, von einer Geisteswissenschaft ergänzt zu werden, oder die Fixierung auf das Materielle wird den alltäglichen Krieg aller gegen alle immer bedrohlicher heraufbeschwören. Und was die Religion angeht: In diesen zweitausend Jahren Christentum sehe ich weit und breit keine Individualität, keinen Menschengeist, in dem der Geist des Christus sich so rein und umfassend geäußert hat wie in der Anthroposophie Rudolf Steiners, und ich bin ganz davon überzeugt, dass sowohl die Kirchen als auch die Naturwissenschaft in den nächsten Jahrzehnten und Jahrhunderten sich gründlich mit dieser Geisteswissenschaft werden auseinandersetzen müssen. Das Christentum wird an dieser Auseinandersetzung sterben oder leben, eine andere Möglichkeit sehe ich nicht.

Der Begriff, den Thomas von Aquino von Aristoteles hatte, war: «Aristoteles irrt nicht.» Das bedeutet nicht, dass Aristoteles unfehlbar ist. Eine prinzipielle Unfehlbarkeit ist eine leere Abstraktion. Die Unfehlbarkeit des römischen Papstes ist ein Machtspruch, weil sie sich auch auf Aussagen bezieht, die der Papst noch nicht gemacht hat. Nicht ein für alle wahrnehmbarer Inhalt soll seine Aussagen wahr machen, sondern das Amt. Thomas hat hingegen alles gelesen und zu allem Stellung genommen, was ihm von Aristoteles zugänglich war, und nirgendwo Denkfehler feststellen können. Dies bedeutet für ihn, dass sich Aristoteles nur über dasjenige äußert, worüber sein Urteil gereift ist. Über viele Dinge spricht er nicht, und es ist müßig darüber zu spekulieren, ob Irrtümer gefunden werden könnten, falls er sich darüber geäußert hätte.

Selbst dort, wo Galileo Galilei meinte, Aristoteles habe sich geirrt, wenn er sagt, dass die Nervenbahnen vom Herzen ausgehen, wogegen die heutige Wissenschaft nachweisen kann, dass sie doch vom Gehirn ausgehen, da sagt Rudolf Steiner: Beide haben Recht, denn Aristoteles hat nicht die materiellen, physischen Nervenbahnen gemeint, sondern die ihm viel wichtigeren «ätherischen» Nervenbahnen, und die kommen in der Tat vom Herzen, nicht vom Gehirn. Ähnliches ließe sich zum Beispiel über die Galilei'schen Fallgesetze sagen: Galileo misst von außen die Strecke, die ein fallender Stein zurücklegt in der ersten, in der zweiten Sekunde usw. Er meint damit Aristoteles zu widerlegen, weil er keine Ahnung davon hat, dass es zur Zeit des Aristoteles für den Menschen noch gar nicht möglich war, einen fallenden Stein als ein Geschehen ganz außerhalb des Menschen ohne innere Beteiligung zu betrachten. Das Erleben war damals derart, dass der Mensch innerlich empfand, innerlich miterlebte, wie er sich anstrengen und anspornen müsste – im Gegensatz zum passiven Angezogenwerden durch eine Gravitation –, um sich selbst mit der Geschwindigkeit des fallenden Steins in Bewegung zu setzen und in Bewegung zu bleiben. Ich habe nur gestaunt und mir gesagt: Einen Rudolf Steiner brauche ich, um mir den Begriff, den Thomas von Aquino von Aristoteles gehabt hat, zu retten. Ich war an dem Tag, wo ich das zum ersten Mal las, so glücklich, überaus glücklich, weil ich mir sagen konnte, dass Thomas von Aquins Einschätzung von Aristoteles doch zutrifft. Und ich bin ein Mensch – wenn ich in der heutigen Menschheit in dieser Hinsicht der Einzige sein sollte, wäre das mir auch ganz recht –, der von Rudolf Steiner denselben Begriff hat, den Thomas von Aquino von Aristoteles hatte.

In den ersten Jahren der Steiner-Lektüre hatte ich gemeint, ein paar Widersprüche gefunden zu haben. Ich habe sie sorgfältig aufbewahrt, weil ich Steiner gern ertappt hätte, dass er sich doch einmal irrt. Und erst im Laufe der Zeit habe ich gemerkt: Es lag daran, dass ich die Dinge noch nicht tief und umfassend genug denken konnte. Ein Beispiel dazu: Einmal sagt Steiner, Christus soll am Kreuz gesagt haben: «Mein Gott, mein Gott, warum hast du mich verlassen?», und in einem anderen Vortrag heißt es: «Mein Gott, mein Gott, wie hast du mich verklärt!» Eine Zeit lang dachte ich: Das eine schließt doch das andere aus, eins von beiden muss falsch sein; bis ich so weit war, zu verstehen, dass beide Aussagen untrennbar zusammengehören: Das «Menschliche, Allzumenschliche» macht beim Tod die Erfahrung des Verlassenseins; die Seele und der Geist werden aber gerade dadurch «verherrlicht» und befreit. Mein Problem war, dass ich unterstellt hatte, Christus könne nur physisch hörbare Worte gesagt haben und nur solche seien gehört worden.

Mein Begriff von Rudolf Steiner ist, dass in ihm Christus uns einen Menschen geschenkt hat – es steht Christus zu, das zu tun –, der in der Öffentlichkeit nur über Dinge gesprochen hat, über die sein Urteil aufgrund der sinnlichen und der übersinnlichen Wahrnehmung so reif war, dass er die begründete Überzeugung hatte, es stimmt, was er sagt. Und ich habe ziemlich alles gelesen, was von ihm der heutigen Menschheit zugänglich ist. Er hat bei jeder

Gelegenheit betont, dass über alles noch sehr viel zu sagen wäre, weil jedes Phänomen unerschöpflich sei. Er hat immer gewarnt: Man solle ihm nichts glauben, man solle alles prüfen, weil er die Gewissheit hatte, dass jede Prüfung seine Aussagen bestätigen würde. Es sind außerdem mehrere Jahrzehnte seit seinem Tode vergangen. Die zahlreichen Feinde, die er hat, hätten es schon längst an die große Glocke gehängt, wenn sie auch nur einen einzigen eindeutigen Irrtum – etwa in seinen naturwissenschaftlichen Aussagen – gefunden hätten.

Ich weiß, dass eine solche Überzeugung im Zeitalter der Demokratie, die von vielen so verstanden wird, dass alle Menschen in jeder Hinsicht absolut als gleich gelten sollen, sehr unbeliebt, politisch nicht ganz «korrekt» ist. Weil wir keine Toleranz für Menschen mehr haben, werden viele plötzlich der Wahrheit gegenüber tolerant. Viele verstehen heute Toleranz so, dass jeder nur seine subjektive Meinung hat und es keine objektive Wahrheit gibt, oder besser gesagt, dass es keine geben darf. Sich tolerieren heißt für solche Menschen, dass alle Meinungen gleich viel oder vielmehr gleich wenig wert sind. Nicht der Wert einer Wahrheit ist für sie wichtig, sondern das gesellschaftliche Gewicht dessen, der sie vertritt. Intolerant ist für viele derjenige, der behauptet, auch nur ein wenig von einer objektiven, für alle gültigen und bindenden Wahrheit gefunden zu haben.

Die Wahrheit ist aber niemals eine Frage des Entweder-oder, denn Wahrheit ist die Art und Weise, wie sich das Denken der Menschen bemüht, die Wirklichkeit der Welt zu ergründen, sie immer besser zu erfassen. All das ist wahr, was wirklichkeitsgemäß ist. Der Grundsatz sowohl des Christentums wie auch der Geisteswissenschaft Rudolf Steiners ist nach meiner Überzeugung, dass die Wirklichkeit in allen ihren Erscheinungsformen unerschöpflich ist. Derjenige ist wahrhaftig als Mensch, der sich auf der Suche nach der Wahrheit immer unterwegs fühlt, weil er weiß, er kann jeweils nur einen Zipfel des Ganzen erfassen. Er möchte jedes Phänomen von dieser Seite und noch von jener Seite und dann noch von einer anderen anschauen.

Was mich heute, noch mehr als bei der ersten Begegnung mit den Schriften Rudolf Steiners vor fast dreißig Jahren, verliebt macht in seine Geisteswissenschaft, ist die Tatsache, dass sie niemals systematisch wird, niemals den Horizont abschließt. Jedes Mal, wenn man am Ende eines Vortrags umblättert und ein neuer anfängt, da packt Steiner die Wirklichkeit von einer ganz anderen Seite an. Irrtümer sind immer Einseitigkeiten des Denkens, und eine einseitige Aussage ist nur insoweit irrtümlich, als sie irgendeine Seite, irgendeinen Aspekt der Wirklichkeit, ausdrücklich verneint oder ausschließt. Als ich die katholische Kirche verlassen musste, habe ich das so empfunden, dass der katholische Glaube oder der katholische Wahrheitshorizont einen gewissen Umfang hat, während die Geisteswissenschaft Rudolf Steiners nach allen Seiten völlig offen bleibt.

Wenn Sie zwei Kreise haben, einen kleineren in einem größeren drinnen – Sie werden mir verzeihen, dass ich das so sage, aber es ist, wenn es wahr ist, keine Überheblichkeit –, dann wird der kleinere Kreis den größeren verdammen, verketzern müssen, weil er den größeren nicht umfasst. Aber es kommt niemals infrage, dass der größere Kreis den kleineren verketzert, weil er ihn mit umfasst.

Ich habe niemals auch nur ein Teilchen echten Katholizismus verneinen müssen, alles wurde für mich immer nur größer und größer und tiefer und tiefer. Steiner sagt niemals, die Sache sei so und nicht anders. Er sagt immer: Schau, dieses Phänomen kann von einer Seite angeschaut werden, dann sieht es so aus. Wenn du es aber von einer anderen Seite anschaust, sieht es wieder anders aus. Niemals habe ich den Christus, sein Wirken, die Art und Weise, wie er seine Wiederkunft in der Menschheit feiert, von so vielen Seiten geschildert gefunden wie bei Rudolf Steiner. Jeder Mensch kann daran Freude ohne Ende erleben.

So war es gemeint, als ich sagte, dass in der Geisteswissenschaft Rudolf Steiners durch die Methode selbst der Irrtum prinzipiell ausgeschlossen ist. Diese Methode nennt Rudolf Steiner das Streben nach Allseitigkeit. Weil die Wirklichkeit in allen ihren Phänomenen unerschöpflich ist, muss man bei der Suche nach der Wahrheit zwei Klippen vermeiden: Die eine ist die Klippe des Dogmatismus, der behauptet, mit ein paar Begriffen die ganze Wahrheit pachten zu können; die andere ist der Relativismus, der meint, alles sei nur subjektiv und es gäbe nur Meinungen und keine objektive Wahrheit. Rudolf Steiner geht den mittleren Weg, für ihn gibt es eine objektive Wahrheit, und jeder Mensch kann immer mehr davon finden, nur ist jeder immer unterwegs, weil die Suche nach der Wahrheit niemals abgeschlossen ist. Es geht darum, immer neue Aspekte der Wirklichkeit in ihrer Objektivität zu erfassen und sie in Einklang mit den schon gefundenen zu bringen. Es ist wie bei einem großen Baum, den man von den verschiedensten Seiten anschauen oder fotografieren kann. Es wäre unsinnig, zu meinen, dass die verschiedenen Bilder alle unwahr seien, weil sie sich voneinander unterscheiden. Man braucht sie nur zu einem Gesamtbild zusammenzufügen. Die Erfahrung, die man bei der Lektüre Steiners macht, ist, dass jede Wirklichkeit von immer neuen Gesichtspunkten aus geschildert wird. Die jeweils neuen Gesichtspunkte werden als wahr empfunden, weil sie weit davon entfernt sind, den alten zu widersprechen, sie werfen vielmehr ein neues Licht auf sie. Es ist wie beim Besteigen eines Berges: Je größer die Überschau, je mehr Einzelwahrnehmungen in einen Gesamtzusammenhang gebracht werden, desto mehr hat man die «Wahrheit» des Berges, das heißt eine getreue, wenn auch nie vollständige Wiedergabe seiner Wirklichkeit. Die nie abgeschlossene Suche nach der Wahrheit macht den Geist nach allen Seiten beweglich und frei.

Hinweise zu einzelnen Stellen

(mit * gekennzeichnet)

Zu S. 31: s. Rudolf Steiner, *Im Urbeginn war das Wort,* Die Entwicklung des Menschen im Licht des *Johannes-Evangeliums* (Bad Liebenzell 2021[2]) – auch in Band 103 der Rudolf Steiner Gesamtausgabe (GA).

Zu S. 37: s. Rudolf Steiner, *Vom Volk zum Menschen*, Menschheitsgeschichte im Lichte des *Matthäus-Evangeliums* (Bad Liebenzell 2011) – auch in GA 123.

Zu S. 44: s. Rudolf Steiner, *Der Gedanke im Menschen und im Weltall,* Die zwölf Weltanschauungen und die sieben Stimmungen der Seele (Bad Liebenzell 2006) – auch in GA 151.

Zu S. 46: s. Pietro Archiati, *Die Kunst, immer neu zu beginnen,* 1. Teil: Die Geschichte von Judas nach dem Selbstmord (Bad Liebenzell 2012[4]).

Von Pietro Archiati sind folgende Titel in den *Rudolf Steiner Ausgaben* erhältlich:

BÜCHER
Aus meinem Leben
Das Geheimnis der Liebe
Der Intellektualismus und die Anthroposophie
Die Weltreligionen
Geld ist gut, Vertrauen ist besser
Kunstwerk Biografie
Zur Freiheit berufen

2 €-HEFTE
Auf Wiederleben!, Heft-Nr. 21
Christentum und Freiheit, Heft-Nr. 27
Das Denken als Weg zum Glück, Heft-Nr. 3
Das Herz des Samariters, Heft-Nr. 19
Der Kampf um die eigene Seele, Heft-Nr. 2
Der Mensch ist Geist, Heft-Nr. 8
Die heutige Weltlage, Heft-Nr. 41
Die Kraft der Positivität und des Vertrauens, Heft-Nr. 28
Die Kunst, immer neu zu beginnen (1. Teil), Heft-Nr. 58
Islam und Christentum, Heft-Nr. 37
Mit Engeln und Verstorbenen leben, Heft-Nr. 17

VORTRAGSNACHSCHRIFTEN
Die Kunst der menschlichen Beziehungen
Gesundung des Leibes, Heilung der Seele, Heiligung des Geistes
Mit unseren Toten leben

AUDIO-CDS
Das Vaterunser – Meditation und Gebet
Die Kunst der Positivität und des Vertrauens
Engel und Verstorbene – im Spiegel der Entwicklung